Innovations
inuites

Innovations inuites

IL FALLAIT Y PENSER

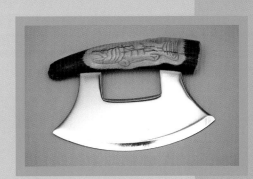

Alootook Ipellie
et
David MacDonald

Texte français de Martine Faubert

Éditions
SCHOLASTIC

Édition publiée par les Éditions Scholastic, 604, rue King Ouest, Toronto (Ontario) M5V 1E1, avec la permission d'Annick Press.

5 4 3 2 1   Imprimé au Canada   08 09 10 11 12

Catalogage avant publication de Bibliothèque et Archives Canada

Ipellie, Alootook, 1951-
Innovations inuites : il fallait y penser / Alootook Ipellie et David MacDonald;
texte français de Martine Faubert.

Traduction de : The Inuit thought of it.
Pour enfants de 7 ans et plus.
ISBN 978-0-545-99229-9
1. Inuit--Culture matérielle--Ouvrages pour la jeunesse. 2. Inuit--Vie

intellectuelle--Ouvrages pour la jeunesse. I. MacDonald, David, 1961- II. Titre.

E99.E7I6514 2008   j303.48'30899712   C2007-905304-1

À ma fille, Taina Lee, avec tout mon amour, et à la famille Ipellie.
A.I.

À mes parents, avec gratitude et amour.
D.M.

Sincères remerciements à David Morrison, directeur de la division de l'Archéologie et de l'Histoire au Musée canadien des civilisations, pour avoir relu notre texte et nous avoir fait bénéficier de son expertise, de son immense savoir et de son sens de la précision.

Table des matières

Mon peuple, les Inuits

Imagine ce que serait la vie dans une région où la température monte au-dessus de zéro pendant seulement quelques mois par année et où, en hiver, elle peut atteindre les 50 °C au-dessous de zéro. Un endroit où, l'hiver, il fait nuit 24 heures sur 24 pendant des semaines et où, presque tout l'été, il fait jour 24 heures sur 24. Un tel endroit existe, et il ne ressemble à aucun autre sur la Terre.

Ici, les arbres sont rares et une bonne partie du sol reste gelée en permanence. Sur de vastes étendues, on ne voit que de la roche nue. On peut y voyager pendant des jours sans trouver la moindre trace de présence humaine. C'est l'Arctique, et mon peuple, les Inuits, y vit depuis des siècles.

Histoire des Inuits

Selon nombre d'archéologues, les lointains ancêtres des Inuits d'aujourd'hui sont probablement arrivés en Amérique du Nord il y a environ 20 000 ans, en traversant une bande de terre qui reliait autrefois la Sibérie à l'Alaska. Ils se sont d'abord établis sur la côte nord-ouest de l'Alaska. Il y a environ 1 200 ans, les ancêtres directs des Inuits ont commencé à se déplacer vers l'est et se sont dispersés peu à peu dans l'Arctique canadien et au Groenland. Ils ont sans doute rencontré, ici et là, des chasseurs vikings alors installés au Groenland. Depuis la disparition de ces colonies vikings, il y a environ 600 ans, les Inuits sont demeurés les seuls habitants de l'Arctique en Amérique du Nord.

Adaptation à la région et au climat

Les premiers Inuits installés en Alaska subsistaient avec ce que leur offrait la nature. Leurs maisons étaient faites de terre et de bois de grève, et ils fabriquaient des outils de chasse avec les matériaux disponibles. Le phoque, le morse, la baleine et le caribou leur fournissaient nourriture, vêtements et matériaux pour les outils. En se déplaçant vers l'est, les Inuits ont continué de fabriquer leurs outils de chasse et leurs cabanes de terre de façon traditionnelle. Ils ont su aussi s'adapter à de nouvelles conditions de vie. Par exemple, s'ils ne trouvaient pas de bois de grève pour construire leurs maisons, ils utilisaient des os de baleine.

Il y a environ 500 ans, le climat s'est refroidi. Beaucoup des Inuits qui vivaient dans les régions côtières du nord de l'Arctique ont commencé à migrer vers le sud. Comme les baleines y étaient plus rares, les Inuits ont dû adapter leur mode de vie. Ils ont cherché d'autres sources de nourriture et ils se sont déplacés plus souvent afin de trouver de meilleurs territoires de chasse. En raison de leurs nombreux déplacements, ils avaient besoin d'un abri temporaire qui les protégerait du froid de l'hiver. Ils ont donc créé l'iglou, un abri qui pouvait se construire facilement et n'importe où.

Une époque de changements

Quand les premiers explorateurs européens sont arrivés dans l'Arctique au XVIe siècle, leur présence n'a pas beaucoup influencé la culture traditionnelle des Inuits. Mais au XIXe siècle, des Européens sont venus y chasser et y pêcher afin de répondre à la demande européenne de fourrures et de produits dérivés de la baleine. Les contacts avec ces Européens, ainsi qu'avec des missionnaires et des représentants du gouvernement canadien à partir du XXe siècle, ont entraîné beaucoup de changements dans la façon de vivre des Inuits. Avec l'abandon du mode de vie ancestral, les traditions ont été peu à peu oubliées. Aujourd'hui, les Inuits travaillent à la préservation et à la consolidation des anciennes traditions afin qu'elles ne disparaissent pas à tout jamais.

L'esprit d'invention chez les Inuits

La capacité de s'adapter et d'inventer a permis aux Inuits de survivre dans les conditions difficiles de l'Arctique. Parmi les innovations présentées dans ce livre, lesquelles datent toutes de la période précédant le contact avec les Européens, nombre d'entre elles sont vraiment étonnantes. Certaines sont même universellement connues de nos jours, comme le parka, le kayak et la pagaie à double pale. Découvre le monde des Inuits et admire leurs innovations. J'espère que ce livre te donnera le goût d'en apprendre davantage au sujet de mon peuple, de notre culture et de notre patrimoine.

Chronologie
Les Inuits et leurs ancêtres en Amérique du Nord

20 000-30 000 av. J.-C.	Des peuples venus d'Asie traversent un pont continental pour se rendre en Alaska.
1200 apr. J.-C	Les lointains ancêtres des Inuits, installés en Alaska, commencent à se déplacer vers l'est, à travers l'Arctique.
1200-1250	Les ancêtres des Inuits atteignent le nord du Groenland et y rencontrent les Vikings.
1450	Les Vikings disparaissent du Groenland.
1000-1600	Il semblerait qu'à cette époque, les ancêtres des Inuits utilisaient déjà le kayak, le traîneau à chiens et l'oulou.
1500-1850	Le climat se refroidit. Les Inuits changent leur mode de vie afin de s'adapter aux nouvelles conditions. Début du commerce avec les Européens.
1850	Les chasseurs de baleine européens apportent de nouvelles marchandises, mais aussi des maladies.
1900	Le climat commence à se réchauffer.
1920-1930	Le commerce des fourrures se répand rapidement dans le Nord canadien. Arrivée dans l'Arctique de la Gendarmerie royale canadienne et de missionnaires de religions diverses.
1940-1960	Le gouvernement canadien incite les Inuits à vivre de manière sédentaire.
1999	Le Canada crée un nouveau territoire, appelé Nunavut, où habitent bon nombre d'Inuits.

Les Inuits en Amérique du Nord vers 1600

pôle Nord

océan Arctique

mer de Beaufort

cercle polaire arctique

baie de Baffin

mer du Labrador

océan
Pacifique

baie d'Hudson

océan
Atlantique

Les parties ombrées représentent les endroits
où les Inuits vivaient en Amérique du Nord,
il y a environ 400 ans.

GROENLAND

ALASKA
(É.-U.)

CANADA

océan
Pacifique

ÉTATS-UNIS

océan
Atlantique

MEXIQUE

L'Amérique du Nord aujourd'hui

LE TRAÎNEAU À CHIENS

En hiver, quand le sol était recouvert de neige et de glace, les Inuits avaient coutume de se déplacer au moyen d'un traîneau tiré par des chiens et appelé *qamutiik*. Ils utilisaient des lanières en peau de phoque pour fabriquer le harnais des chiens, le fouet servant à les diriger et le *qamutiik* lui-même.

Aujourd'hui, les courses de traîneaux à chiens sont un sport populaire dans l'Arctique.

Les Inuits aidaient parfois les chiens à tirer le traîneau.

Les bottes pour chiens

Pour que les chiens puissent tirer un traîneau toute la journée, leurs pattes devaient être en parfaite condition. Il arrivait que les chiens se blessent les pattes lorsqu'au printemps, la neige fondante mettait à découvert des arêtes rocheuses. Les chiens ne pouvaient plus alors courir aussi vite. Les Inuits leur fabriquaient donc des bottes en peau de phoque ou de caribou pour leur protéger les pattes.

Les lanières

La peau épaisse du phoque barbu (voir photo, page 10) donnait les lanières les plus solides. Les Inuits retiraient d'abord la peau du corps de l'animal par sections, puis la faisaient bouillir. Ensuite, ils découpaient la peau encore humide en longues bandes. Puis ils faisaient sécher les bandes, en les tendant entre deux grosses pierres. Ils obtenaient ainsi des lanières très solides.

Le traîneau

Les patins du traîneau (les deux longues pièces qui reposent sur le sol) et les traverses qui les reliaient étaient généralement en bois. Le tout était assemblé avec des lanières, de façon que chaque patin puisse monter ou descendre légèrement quand le terrain devenait irrégulier. Les surfaces accidentées, enneigées ou glacées pouvaient endommager le traîneau. Mais grâce aux lanières qui le rendaient plus flexible, il durait plus longtemps.

Le perçoir à archet

Pour construire le *qamutiik*, les Inuits utilisaient du bois et, parfois, les défenses en ivoire des morses. Pour percer des trous dans ces matériaux, ils ont inventé un outil appelé perçoir à archet, qui était composé de cinq parties :

1. le **foret** (pièce verticale), fait d'un morceau de bois ou d'andouiller;
2. l'**embouchure**, au sommet du foret, faite d'ivoire ou de bois dur;
3. la **pointe** en métal, à l'autre bout du foret;
4. l'**archet** (pièce horizontale), en bois ou en andouiller de caribou;
5. la **corde de l'archet**, en peau de phoque.

Pour actionner le perçoir, les Inuits faisaient monter et descendre l'archet avec la main.

Un traîneau à chiens reposant sur des blocs de bois

Des patins boueux

Les patins du traîneau glissaient mieux sur la neige et la glace s'ils étaient enduits de boue. On renversait d'abord le traîneau, puis on appliquait de la boue sur les semelles des patins et on l'égalisait. Ensuite, avec de l'eau plein la bouche, on crachait sur un morceau de peau d'ours polaire qu'on utilisait pour frotter la boue gelée. Une mince couche de glace se fixait alors sur la boue, ce qui rendait les patins très lisses et glissants. Les chiens pouvaient ainsi tirer plus facilement un traîneau lourdement chargé.

Des patins d'ivoire

Dans les régions de l'Arctique où ils pouvaient chasser le morse, les Inuits fabriquaient parfois les patins avec les défenses d'ivoire de cet animal. L'ivoire est un matériau très lisse. Il n'était donc pas nécessaire d'y appliquer de la boue et de la glace, comme pour les patins de bois. Les patins d'ivoire présentaient deux autres avantages : ils ne se brisaient pas facilement et ne fondaient pas s'ils étaient en plein soleil, contrairement à la boue qui recouvrait les patins de bois.

Un chasseur est en train de couvrir de boue les patins de son traîneau à chiens.

LE KAYAK

Un kayak (ou *qajaq*) est une longue embarcation étroite mesurant habituellement au moins 6,5 m de long et 0,75 m dans sa partie la plus large. Un kayak traditionnel de qualité était assez solide pour porter, jusqu'à la rive, un chasseur adulte et le phoque qu'il venait de tuer. Par temps calme, il arrivait qu'un enfant accompagne l'adulte, assis dos à lui.

L'armature de l'*oumiak* était en bois, tout comme celle du kayak.

Souvent, on tendait et faisait sécher les peaux avant de les utiliser.

L'armature

En général, l'armature du kayak traditionnel était faite de bois de grève et, parfois, d'os et d'andouiller de caribou. Le tout était assemblé au moyen de lanières en peau de phoque et de nerfs de caribou. La longue pagaie, qui avait une pale à chaque bout, était en bois.

Le revêtement extérieur

Le revêtement imperméable du kayak traditionnel était en peau de phoque. Les Inuits plongeaient d'abord la peau dans de l'eau chaude, puis retiraient les poils en la raclant très vite pendant qu'elle était encore chaude. Ensuite, ils rangeaient la peau dans un sac en peau de phoque, où ils versaient aussi de la graisse de phoque afin de rendre la peau souple et facile à travailler.

Quand ils avaient ainsi préparé un nombre suffisant de peaux, ils les tendaient sur l'armature du kayak et les cousaient grossièrement ensemble. Puis ils découpaient l'excédent de peau. Le revêtement était maintenu en place par des lanières de peau de phoque bien serrées, jusqu'à ce qu'il épouse parfaitement la forme de l'armature en séchant.

Ensuite, le revêtement était fixé à l'armature avec du nerf de caribou. Finalement, on versait de l'eau de mer sur chaque couture, avant de faire une dernière couture, bien serrée. Afin d'éviter que le sable ne perce le revêtement du kayak neuf, les Inuits en recouvraient la paroi intérieure de vieilles peaux de phoque.

Des femmes inuites cousent des peaux de phoque sur l'armature de bois d'un kayak.

Grâce à sa forme fuselée, le kayak glissait aisément à la surface de l'eau.

L'oumiak

Quand il fallait déplacer le campement d'un endroit de la côte à l'autre, on utilisait une plus grande embarcation appelée *oumiak*, pour transporter les tentes, les vêtements en peau de phoque ou de caribou, les ustensiles de cuisine et les outils. L'*oumiak* pouvait aussi contenir plusieurs personnes ainsi que leurs chiens. Comme c'étaient les femmes qui, la plupart du temps, pagayaient dans ce type d'embarcation, on l'appelait parfois le « bateau des femmes ».

L'*oumiak* pouvait transporter plusieurs Inuits.

Quand le vent soufflait, on pouvait utiliser une voile en peau de phoque pour faire avancer l'*oumiak*.

Le kayak moderne

Aujourd'hui, le kayak est généralement fait de plastique rigide, bien que le revêtement extérieur, lui, soit parfois en fibre de verre. Tout comme le kayak d'autrefois, il a une forme fuselée, mais sa longueur varie suivant l'usage qu'on en fait. Le kayak plus long, qui est aussi plus stable, peut être utilisé en mer, alors que le plus court est plus facile à manier sur les lacs et les rivières.

L'HABITATION

Pour survivre à l'hiver arctique, il fallait pouvoir s'abriter dans une maison chaude. Toutefois, dans certaines régions, les matériaux nécessaires étaient difficiles à trouver. Alors les Inuits qui vivaient dans ces régions construisaient des maisons avec de la neige : les iglous (ou *iglu*). Pour fabriquer un iglou solide, il fallait utiliser de la neige assez dure pour qu'on puisse marcher dessus sans s'y enfoncer. On pouvait construire un iglou à peu près n'importe où dans l'Arctique, même sur la glace de mer, lors d'une excursion de chasse.

Une femme transporte de la viande de caribou hors de son iglou. L'entrée était creusée dans le sol afin d'empêcher l'air froid d'entrer dans l'iglou.

Les murs et les fenêtres

Pour construire un iglou, les Inuits découpaient d'abord des blocs de neige de 10 cm d'épaisseur. Ils plaçaient ensuite ces blocs en cercle pour former la base de l'iglou. Puis ils posaient une deuxième rangée de blocs sur la première, en les inclinant légèrement vers l'intérieur. Ainsi, une fois tous les blocs empilés, les Inuits obtenaient un dôme. Ce dôme était assez solide pour qu'un adulte puisse grimper dessus sans le démolir. Un bloc de glace claire servait de fenêtre et laissait entrer la lumière.

L'isolation et l'entrée

Une fois le dôme monté, les membres de la famille travaillaient ensemble à protéger l'intérieur de l'iglou des courants d'air. Ils utilisaient de la neige pour remplir les fissures entre les blocs, à l'extérieur. Pour isoler encore mieux l'iglou, ils en recouvraient tout l'extérieur d'une bonne couche de neige fraîche. Ensuite, pour former l'entrée, ils creusaient un tunnel dans le sol, ce qui empêchait l'air froid de pénétrer à l'intérieur. Un porche de blocs de neige fournissait une protection supplémentaire contre le vent glacial. Une ouverture pratiquée dans le toit du porche laissait s'échapper l'air froid avant qu'il puisse entrer dans l'iglou.

L'iglou communautaire

Quand plusieurs familles inuites campaient ensemble pendant tout l'hiver, elles construisaient un *qaggiq*, un iglou assez vaste pour recevoir tous les membres du campement, au cours des réunions.

La lampe à l'huile de phoque

Dans certains endroits, les Inuits pouvaient trouver de la stéatite, ou pierre de savon. C'est une pierre facile à sculpter. Ils en faisaient des lampes à l'huile de phoque, ou *qulliq*. Un brin de mousse servait de mèche. L'une des extrémités était trempée dans l'huile, puis on allumait l'autre. La flamme était suffisante pour éclairer et réchauffer l'intérieur de l'iglou.

Au printemps, quand les iglous fondaient, les Inuits retournaient à leur campement d'été, où ils vivaient sous des tentes faites de peau de caribou et de phoque. Ces abris étaient utilisés au printemps, en été et en automne.

Pour faire du feu, les Inuits d'autrefois utilisaient soit le perçoir à archet (voir page 13), dont ils avaient d'abord enlevé la pointe de métal, soit une autre invention semblable. Ils faisaient tourner rapidement le foret, tout en appuyant dessus. La friction obtenue produisait suffisamment de chaleur pour faire naître une flamme.

La lampe allumée ne devait jamais être placée trop près de la paroi de neige, mais sa chaleur aidait à solidifier l'iglou. En effet, combinée avec celle des corps des habitants de l'iglou, elle faisait fondre une mince couche de neige, sur la paroi intérieure. Quand les Inuits éteignaient la lampe pour dormir, cette couche gelait, ce qui solidifiait la paroi.

Le sac de couchage

Le sac de couchage était fabriqué avec de la peau de caribou. Il pouvait être assez grand pour que deux personnes ou plus y dorment ensemble, ce qui les tenait plus au chaud. Les Inuits construisaient une plateforme de neige dans l'iglou. Ils la recouvraient ensuite de branches et de plusieurs peaux bien épaisses, puis y posaient leur sac de couchage.

Même les lits sont faits de glace, dans cet hôtel de glace de Kiruna, en Suède.

Constructions modernes de neige et de glace

Aujourd'hui, les constructions faites de neige ou de glace, ou des deux, sont populaires lors des festivals d'hiver qui se tiennent au Canada, en Suède et en Norvège.

LES VÊTEMENTS

Dans l'Arctique, les seuls matériaux dont disposaient les Inuits d'autrefois pour fabriquer des vêtements étaient fournis par les animaux. Les Inuits utilisaient des peaux et de la fourrure pour faire des vêtements chauds qui leur permettaient de survivre aux températures glaciales de l'Arctique.

Les vêtements imperméables

Les Inuits utilisaient parfois des parties d'un mammifère marin, tels la vessie ou les intestins, pour confectionner des vêtements imperméables. Lorsqu'ils chassaient en mer, ils portaient une sorte de manteau imperméable qu'ils pouvaient fixer autour de l'ouverture de leur kayak. Leur corps restait ainsi bien au sec.

Le parka

Le parka traditionnel, appelé *qulittaq*, était essentiel pour protéger le haut du corps des températures dangereusement froides. Le parka était fait de la peau des caribous chassés à l'automne, lorsque leur fourrure commençait à s'épaissir pour l'hiver. Une fourrure plus épaisse donnait un parka plus chaud, mais la fourrure d'un caribou tué en plein hiver était trop lourde à porter.

Ce manteau imperméable est fait avec des intestins de baleine.

Le parka porte-bébé

Les mères inuites utilisaient une sorte de ceinture pour porter leur bébé sur leur dos. Lorsqu'elles allaient dehors, elles revêtaient un *amaut*, un parka muni d'un énorme capuchon. La chaleur du corps de la mère tenait le bébé chaud et la garniture de fourrure du capuchon le protégeait contre les vents froids. Cet ingénieux système permettait à la mère de porter son bébé tout en ayant les mains libres pour faire autre chose.

L'intestin du morse est un excellent matériau imperméable. Pour le faire sécher plus vite, on le gonflait en soufflant de l'air à l'intérieur, comme le montre cette photo.

Les parkas en peau d'oiseaux

Dans les régions où le caribou était rare, les Inuits fabriquaient des parkas avec la peau et les plumes des oiseaux aquatiques, comme le canard ou le huard. Les Inuits, ici, à gauche, portent des parkas en peau de canard.

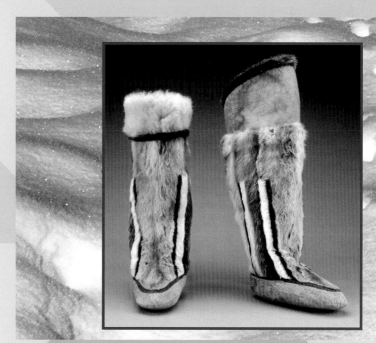

Ces bottes d'hiver sont faites en peau de caribou.

Les bottes

Les bottes des Inuits, appelées *kamiik*, étaient faites de pièces de peau de phoque cousues avec du nerf de caribou. Les peaux et le nerf devaient être humides pendant qu'on fabriquait les bottes. Ensuite, en séchant, les coutures se resserraient et devenaient imperméables.

Les bottes d'hiver étaient faites avec de la peau de caribou ou avec des peaux de phoque à fourrure très épaisse. On cousait ensemble des bandes pâles et foncées afin de créer des motifs à rayures. Les bottes traditionnelles pour les filles et les femmes avaient des rayures horizontales, de la cheville jusqu'en haut. Celles des garçons et des hommes avaient des rayures verticales (comme ci-dessus).

Pour l'été, les bottes étaient faites avec de la peau de phoque dont on avait raclé le poil afin qu'elles ne soient pas trop chaudes.

Pour préparer la peau de phoque en vue d'en faire des bottes, on l'assouplissait d'abord en la mâchant. On pouvait aussi la tendre, bien à plat, puis la piétiner, les pieds nus ou chaussés de bottes en peau de phoque.

Les parkas modernes

Les parkas d'aujourd'hui imitent souvent ceux des Inuits d'autrefois. Beaucoup ont un capuchon bordé de fourrure, qui est parfois doublé de fourrure naturelle ou artificielle pour le rendre plus chaud. Tout comme les parkas traditionnels, ils sont faits de manière qu'on puisse porter d'autres vêtements dessous, tout en laissant assez d'espace pour une couche d'air chaud isolante.

LES JEUX

Chez les Inuits, les aînés apprenaient aux plus jeunes les jeux et les divertissements traditionnels. Plusieurs de ces passe-temps aidaient les enfants à développer la force et l'adresse dont ils auraient besoin à l'âge adulte.

Les sports et les jeux

Les jeux de plein air étaient populaires en été, et aussi en hiver, quand le temps le permettait. Qu'ils soient jeunes ou vieux, filles ou garçons, tous partageaient ces moments de plaisir. Certains des jeux inuits en sont venus à ressembler à des sports d'aujourd'hui comme le baseball et le soccer. Il y a même une sorte de football inuit, appelé *ajuttaq*.

Les hivers sont longs et sombres dans l'Arctique. Pour passer le temps, les Inuits se rassemblaient afin de participer à toutes sortes de compétitions. En plus des différentes formes de lutte, le « saut en tenant les orteils » et la « traction du doigt » étaient très populaires. Toutes ces activités exigeaient de la force et de l'endurance.

Pas étonnant que ce jeu s'appelle le « double coup de pied en hauteur »!

De nos jours, les Inuits se rassemblent tous les deux ans lors des Jeux d'hiver de l'Arctique. Ce jeune participe à une compétition de « saut en tenant les orteils ».

Les jeux d'osselets

Les *inugait* (ci-dessus) sont des petits os de nageoire de phoque utilisés pour raconter des histoires traditionnelles inuites. Chaque osselet représente un élément particulier, comme une partie d'un iglou, un adulte ou un enfant, un traîneau à chiens ou un caribou. On gardait ces osselets dans une pochette en peau de phoque ou faite de la patte évidée d'un oiseau aquatique (ci-dessus). Dans l'une des variantes de ce jeu, les adultes racontaient une histoire et, avec une ficelle munie d'un nœud coulant, les enfants essayaient de retirer du sac les osselets représentant les personnages de l'histoire.

Cette Inuite illustre une histoire à l'aide de figures en ficelle.

Les jeux de ficelle et les histoires

Les récits et légendes inuits relataient l'histoire et les défis de la vie dans l'Arctique, et apprenaient ce qu'il fallait faire pour devenir une bonne personne. La narration était parfois accompagnée d'un jeu de ficelle, appelé *ajaraat*. La ficelle était utilisée pour créer des figures représentant des éléments du récit.

Les poupées

La confection de poupées est une tradition inuite très ancienne. Le père sculptait les poupées dans du bois de grève. Avec des chutes de peau et de fourrure, la mère aidait sa fille à fabriquer des vêtements pour sa poupée. Ainsi, la petite fille apprenait à tailler et à coudre les peaux et la fourrure. Devenue adulte, elle se servait de ces habiletés pour fabriquer des vêtements aux membres de sa famille.

Parfois, un chasseur attachait les poupées de sa fille à son kayak ou à son traîneau pour porter bonheur et assurer le succès de la chasse. Les poupées servaient aussi à encourager le chasseur en lui rappelant ses enfants qui attendaient qu'il rentre avec de la nourriture pour toute la famille.

LA CHASSE

Les Inuits d'autrefois devaient compter presque uniquement sur les animaux pour se nourrir. Les chasseurs avaient donc besoin d'outils de chasse efficaces. Les outils variaient selon l'espèce animale chassée. En observant attentivement les différentes espèces, ils ont pu découvrir la meilleure façon de les chasser.

Aujourd'hui, les chasseurs inuits utilisent des carabines. Mais, comme les Inuits d'autrefois, ils chassent le phoque dans les trous de respiration.

Un chasseur s'apprête à lancer son harpon.

Ce chasseur a attrapé un bélouga à l'aide d'un harpon équipé d'un flotteur en peau de phoque, appelé *avataq*.

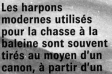

Les harpons modernes utilisés pour la chasse à la baleine sont souvent tirés au moyen d'un canon, à partir d'un bateau.

Les parties du harpon

Le harpon était utilisé pour chasser les mammifères marins, comme la baleine et le phoque. Le harpon traditionnel, utilisé pour chasser en mer, avait cinq parties :

1. la **hampe**, un long manche généralement en bois;
2. le **mince intermédiaire**, un manche plus court fixé au bout de la hampe, qui était généralement fait en ivoire ou en andouiller;
3. la **tête du harpon** souvent faite en os et fixée à l'extrémité de l'intermédiaire; son bout était pointu ou avait la forme d'une lame permettant de transpercer l'animal;
4. une longue **lanière**, faite en peau de phoque, qui reliait la tête du harpon à un flotteur;
5. le **flotteur**, appelé *avataq*, fait avec toute la peau d'un phoque remplie d'air et fermée hermétiquement avec un morceau ivoire.

La chasse au harpon

Lorsqu'il se préparait à lancer son harpon, le chasseur installé dans son kayak le tenait par la hampe. Quand le harpon frappait l'animal, la tête fixée à l'intermédiaire restait plantée dans le corps de l'animal. La hampe en bois se séparait alors de l'intermédiaire et flottait sur l'eau; ainsi, le chasseur ne la perdait pas. Le flotteur empêchait l'animal mort de couler au fond de l'eau.

La pêche à la lance et à l'aide d'un barrage

Pour attraper le poisson, les Inuits ont inventé une lance spéciale, appelée *kakivak*. Le *kakivak* était fait de deux morceaux d'andouiller de caribou fixés à un long manche en bois. Ces deux morceaux étaient façonnés de manière à former deux dents qui servaient à retenir le poisson. Entre les dents, une longue pointe acérée transperçait le poisson. Bien utilisé, le *kakivak* permettait d'attraper un poisson du premier coup.

Les Inuits avaient aussi d'autres méthodes de pêche, empruntées à d'autres cultures : à la ligne avec un hameçon, au filet, ou avec un barrage. Le barrage était un muret de pierres, dressé dans l'eau afin de diriger les poissons vers des eaux peu profondes où ils étaient plus faciles à attraper. Dans certaines régions, les Inuits utilisaient des barrages construits longtemps auparavant par leurs ancêtres.

La chasse au phoque

Quand la mer est couverte de glace, le phoque monte à la surface pour respirer par des trous. Ces trous de respiration sont donc d'excellents endroits pour le chasser. Les Inuits l'ont appris en observant les ours polaires. Un groupe de chasseurs repérait d'abord un endroit où il y avait plusieurs trous de respiration. Chaque chasseur s'installait alors au bord d'un trou, avec son harpon. Il était important que les chasseurs restent assis sans bouger, parfois pendant des heures, afin de ne pas effrayer les phoques.

Un Inuit pêche dans un trou percé dans la glace. On peut voir un kakivak posé sur la glace, à côté de lui.

L'inuksuk

Un *inuksuk* (au pluriel : *inuksuit*) est fait de pierres empilées et sert de repère pour les voyageurs inuits. Les anciens Inuits dressaient un *inuksuk* pour guider les gens ou pour signaler un bon endroit où chasser le caribou. Un chasseur construisait parfois un *inuksuk* temporaire afin de marquer l'emplacement de sa réserve de viande de caribou.

Les inunnguat

Certains *inuksuit* avaient une forme humaine. On les appelait *inunnguat* (au singulier : *inunnguaq*), ce qui signifie « imitation d'Inuit ». Ils pouvaient servir à faciliter la chasse au caribou.

Les chasseurs d'autrefois connaissaient les pistes empruntées par les caribous quand ils migraient d'un endroit à un autre. Quand une de ces pistes passait près d'un lac, les chasseurs dressaient plusieurs *inunnguat* de chaque côté de la piste. Quand les caribous apercevaient les *inunnguat*, ils croyaient que les figures de pierres étaient de vrais chasseurs et se sauvaient en direction du lac. Alors les vrais Inuits sortaient de leur cachette et agitaient les bras, ce qui incitait les caribous à entrer dans l'eau. Des chasseurs armés de lances les attendaient dans leurs kayaks, sur l'eau. Comme les caribous sont beaucoup plus lents dans l'eau, ils étaient plus faciles à attraper. Les chasseurs sur la terre ferme utilisaient des lances ou des arcs et des flèches.

LA NOURRITURE

Les Inuits d'autrefois ne pouvaient jamais savoir si la prochaine chasse serait fructueuse. Ils devaient donc conserver adéquatement les provisions qu'ils avaient sous la main. Le temps froid permettait de conserver la nourriture, comme le font nos réfrigérateurs et nos congélateurs. Les Inuits ont mis au point d'autres méthodes de conservation pour les mois plus chauds.

La viande crue

Pour les anciens Inuits, manger de la viande crue présentait deux avantages : les vitamines contenues dans la viande n'étaient pas détruites par la cuisson, et c'était un moyen d'économiser la précieuse huile de phoque qui servait de combustible. La viande crue était facile à préparer et fournissait des éléments nutritifs permettant de rester en santé afin de survivre aux rigueurs de l'Arctique.

Un jeune chasseur de l'Arctique se régale d'une collation nourrissante : un œil de phoque cru.

La cuisson

Dans les régions arctiques, les Inuits faisaient cuire les aliments en été, quand on pouvait faire des feux avec du bois de grève et des broussailles. Mais en hiver, les matières combustibles étaient rares, et les Inuits devaient compter sur l'huile de phoque pour alimenter le *qulliq* (la lampe à l'huile de phoque; voir page 17). Le *qulliq* allumé était la seule source de chaleur et de lumière dans l'iglou durant les mois sombres et froids. Comme la cuisson à l'huile de phoque était longue, elle ne se faisait que lorsque l'huile était disponible en abondance. La viande et le poisson étaient bouillis dans un récipient en pierre de savon posé sur le *qulliq*.

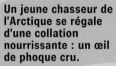

L'oulou

L'*oulou*, le couteau traditionnel des femmes, est l'un des outils les plus utiles, parmi ceux inventés dans l'Arctique. Il était très efficace pour couper la viande ou le poisson congelé. La forme arrondie de sa lame et la position de la poignée permettait d'utiliser la force des muscles de l'épaule, du bras, du poignet et de la main afin de couper la chair congelée.

L'*oulou* était aussi utilisé pour couper les peaux de caribou et de phoque qui allaient servir à faire des vêtements. En le tenant à deux mains de chaque côté de la lame, on obtenait une coupe plus précise. Les peaux étaient toujours taillées sur le côté envers raclé plutôt que du côté du poil, afin d'éviter de couper accidentellement une partie de la fourrure.

De la viande de baleine sèche sur des supports en bois.

La conservation

En hiver, on congelait la viande pour la conserver. Mais en été, il fallait la conserver autrement, afin de la faire durer. On pouvait, entre autres, la faire sécher ou la placer dans un sac en peau de phoque.

Le séchage

Le séchage de la viande permettait de la conserver par temps doux. Plus la viande séchait vite, mieux elle se conservait. Afin d'accélérer le séchage, on vidait la viande de son sang. Puis on la découpait en lanières et on la mettait à sécher au soleil, suspendue à des supports en bois. Au bout d'un jour ou deux, elle était prête à être décrochée et mise en réserve pour plus tard.

Des Inuites dépècent un bélouga.

Une fois remplis de nourriture, les sacs en peau de phoque étaient fermés hermétiquement, puis enterrés.

Les sacs en peau de phoque

La viande et le poisson étaient parfois conservés dans des sacs en peau de phoque remplis de graisse de phoque et hermétiquement fermés. Le sac était ensuite enterré et recouvert de pierres afin que les animaux ne puissent pas l'atteindre. Cette méthode permettait de conserver la nourriture en été, jusqu'à ce qu'elle gèle en hiver.

La nourriture entreposée en hauteur était à l'abri des animaux affamés, dont les chiens de traîneau.

La famine

En période de famine, les vieilles peaux étaient parfois les seules sources d'éléments nutritifs pour les anciens Inuits. S'il le fallait, on faisait bouillir les peaux afin de les ramollir et de pouvoir les manger. En ces périodes difficiles, les chiens de traîneau affamés se mettaient souvent à ronger leurs propres harnais en peau de phoque.

LES REMÈDES ET LES SOINS

Autrefois, les Inuits n'avaient ni médecins ni médicaments pour les aider à soigner les blessures et les maladies. Ils ont alors mis au point leurs propres remèdes avec ce qu'ils trouvaient dans l'Arctique.

Le traitement des engelures

Les Inuits devaient toujours faire très attention au froid intense des hivers arctiques. Lorsque la peau est exposée trop longtemps à des températures au-dessous du point de congélation, elle peut geler et être abîmée de façon permanente.

Pour traiter une engelure, les Inuits posaient une main chaude sur la partie affectée ou trempait celle-ci dans de l'eau de mer ou de l'urine refroidie. Il fallait utiliser un liquide pas trop chaud, afin de ne pas endommager la peau davantage. Ils appliquaient aussi sur les engelures des crottes de chien enveloppées dans de la peau de caribou, puis réchauffées près d'un feu.

Une engelure a causé des dommages permanents au nez de ce chasseur.

Des Inuites cueillent des petits fruits sauvages.

Les canneberges sauvages poussent à certains endroits dans l'Arctique.

Les remèdes contre le mal de gorge

Les Inuits soignaient le mal de gorge de différentes façons. Ils mangeaient des canneberges crues ou bouillies, ou mâchaient de la graisse de phoque barbu, puis en avalaient le jus. Un autre remède consistait à se gargariser avec de l'eau salée, tout comme les médecins le recommandent de nos jours. Parfois aussi, les Inuits posaient la chair blanche d'un lagopède (un oiseau de taille moyenne, aux pattes emplumées) sur leur gorge avant d'aller se coucher.

Le traitement des coupures et des éraflures

Pour traiter les coupures, les éraflures et autres plaies, les Inuits utilisaient ce qu'ils avaient sous la main. Pour nettoyer une plaie ouverte sans risque, ils utilisaient de la neige fondue, des algues d'eau douce ou même de l'urine humaine, mais jamais de l'eau de mer, car cela pouvait causer une infection.

Une fois la plaie nettoyée, ils y appliquaient de la graisse de phoque, de caribou ou d'oiseau, comme le hibou, afin d'arrêter le saignement. Ensuite, une fine tranche de viande de phoque ou de caribou était posée sur la plaie pendant quelques jours, afin de l'aider à guérir.

Pour refermer une plaie, les Inuits utilisaient de la gomme de pin mâchée ou l'intérieur d'un parasite trouvé dans les morues. Ces substances gluantes maintenaient la plaie fermée, tout comme le font les points de suture d'aujourd'hui.

Les lunettes de neige

La réflexion du soleil sur la neige ou la glace peut causer une cécité temporaire et douloureuse, appelée ophtalmie des neiges. De nos jours, les skieurs portent des lunettes teintées pour protéger leurs yeux. Mais longtemps avant l'invention de ces lunettes, les Inuits avaient trouvé une façon de se protéger contre la cécité : des lunettes de neige, faites de bois, d'ivoire ou d'andouiller. Ces lunettes avaient une mince fente devant chaque œil, assez grande pour qu'on voie au travers, mais qui laissait passer très peu de lumière, protégeant ainsi les yeux.

Les lunettes de neige traditionnelles des Inuits protégeaient les yeux contre l'ophtalmie des neiges.

Les antimoustiques

Les nuées de moustiques étaient un gros problème en été. Même par temps chaud, les chasseurs portaient leur parka, avec le capuchon sur la tête, afin de se protéger contre les piqûres. Ils emportaient avec eux un morceau de peau de caribou grand comme un mouchoir, qu'ils agitaient pour chasser les moustiques.

Comme les moustiques n'aiment pas la fumée, les chasseurs restaient le plus près possible du feu de camp. Ils gardaient leurs chiens tout près aussi, car les moustiques pouvaient sucer assez du sang d'un chien pour le tuer. La nuit, les chiens dormaient dans les tentes avec les chasseurs, à l'abri des moustiques.

Les coutumes funéraires

Les coutumes funéraires des Inuits de l'Arctique variaient suivant les régions. Comme une grande partie de l'Arctique est rocheuse ou gelée en permanence, les morts n'étaient pas enterrés. On laissait les corps à découvert ou on les recouvrait de bois de grève ou de pierres (ci-dessus).

Parfois, le corps était posé au centre d'un cercle de petites pierres. Les outils ayant appartenu au mort étaient placés avec son corps. Si certains de ces outils étaient nécessaires aux survivants, on les remplaçait par des copies en miniature.

LES INUITS AUJOURD'HUI

Aujourd'hui, les communautés inuites bénéficient de tout le confort moderne et des dernières innovations technologiques. Certaines technologies leur fournissent même des moyens novateurs de préserver et de faire partager leurs traditions.

Du passé au présent

La plupart des innovations étonnantes décrites dans ce livre ont été mises au point par les Inuits d'autrefois dans le but de les aider à survivre et à rester en santé dans les conditions difficiles de l'Arctique. Les techniques de chasse étaient essentielles parce que les animaux leur fournissaient les choses indispensables à leur survie : la nourriture et les vêtements, mais aussi les outils de chasse, les matériaux pour les traîneaux à chiens, les kayaks et les abris d'été, ainsi que du combustible, entre autres choses. La survie des Inuits dépendait de leur succès à la chasse.

La vie des Inuits d'aujourd'hui est bien différente. Nous n'habitons plus dans des iglous et des tentes, mais dans des maisons modernes, avec chauffage et électricité. Et nous ne dépendons plus des animaux de l'Arctique pour notre survie, car nous pouvons trouver dans des magasins la nourriture, les vêtements, les médicaments et tous les objets de la vie moderne. Nous nous déplaçons en auto, en motoneige ou en bateau à moteur, plutôt qu'en traîneau à chiens et en kayak. Les jeunes comme les moins jeunes apprécient plusieurs formes de divertissements que tu as probablement chez toi : la télévision, les baladeurs MP3, les lecteurs de CD et de DVD, l'ordinateur et les jeux vidéo.

Ces étudiantes utilisent un ordinateur pour écrire en langue inuktitut.

Les communautés inuites d'aujourd'hui possèdent tout ce qui permet une vie confortable, comme l'électricité, le chauffage et les bateaux à moteur.

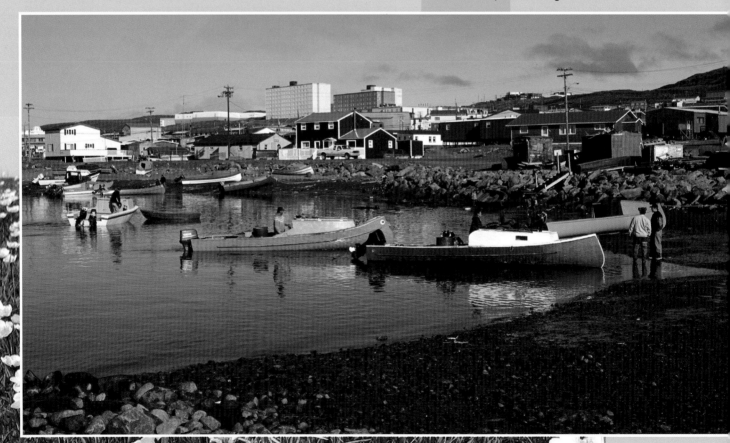

La vie moderne et la culture inuite

Les Inuits d'autrefois ont démontré leur capacité exceptionnelle à s'adapter à leur environnement en inventant des objets utiles comme le kayak, la pagaie à double pale et le parka. Ces inventions ont eu tellement de succès qu'elles sont maintenant utilisées partout dans le monde. Aujourd'hui, les Inuits font preuve du même esprit innovateur en essayant de trouver des façons de préserver leur culture ancestrale tout en vivant de façon moderne.

Beaucoup d'enfants inuits vont dans des écoles modernes où ils apprennent en langue inuktitut. Certains Inuits incluent dans leurs repas des aliments traditionnels comme le caribou et le poisson, mais les chasseurs utilisent des techniques de chasse modernes qu'ils combinent avec les connaissances héritées des anciens sur les meilleures façons de chasser et les meilleurs endroits pour le faire. Les Inuits ont créé des sites Internet en inuktitut et autres langues afin de faire partager leur culture, tant ancienne que moderne, à d'autres communautés partout dans le monde. Et comme l'avenir apportera encore des changements, mon peuple continuera d'innover et de s'adapter, afin de pouvoir progresser tout en préservant et en consolidant ses traditions ancestrales.

La motoneige est un moyen de transport très utile dans l'Arctique. Les sports modernes, comme le hockey, sont tout aussi populaires que les sports traditionnels inuits.

Quelques communautés inuites d'aujourd'hui

Pour en savoir plus

Note à propos des signes utilisés dans ce livre

Sur chaque page de ce livre, tu vas trouver des signes pour écrire en langue inuktitut. L'inuktitut est la langue traditionnelle de nombreux Inuits et elle est encore parlée aujourd'hui. Des livres et des sites Internet destinés aux Inuits présentent souvent cette forme écrite de l'inuktitut, alors que d'autres présentent cette langue au moyen des lettres de l'alphabet.

Les signes de l'inuktitut n'ont pas la même valeur que des lettres. En français, les lettres représentent des sons et elles sont combinées pour former des syllabes. En inuktitut, chaque signe représente à lui seul une syllabe complète. Le tableau ci-dessous contient l'ensemble des signes utilisés pour écrire en inuktitut, avec leurs équivalents en français.

Signe		Équiv.	Signe		Équiv.	Signe		Équiv.	Signe	Équiv.
∆	∆̇	i ii	▷	▷̇	u uu	◁	◁̇	a aa	̇H	h
∧	∧̇	pi pii	>	>̇	pu puu	<	<̇	pa paa	<	p
∩	∩̇	ti tii	⊃	⊃̇	tu tuu	C	Ċ	ta taa	⊂	t
ᑭ	ᑭ̇	ki kii	ᑯ	ᑯ̇	ku kuu	ᑫ	ᑫ̇	ka kaa	ᑲ	k
ᒋ	ᒋ̇	gi gii	ᒍ	ᒍ̇	gu guu	ᒐ	ᒐ̇	ga gaa	ᒐ	g
ᒥ	ᒥ̇	mi mii	ᒨ	ᒨ̇	mu muu	ᒫ	ᒫ̇	ma maa	ᒻ	m
ᓂ	ᓂ̇	ni nii	ᓄ	ᓄ̇	nu nuu	ᓇ	ᓇ̇	na naa	ᓐ	n
ᓯ	ᓯ̇	si sii	ᓱ	ᓱ̇	su suu	ᓴ	ᓴ̇	sa saa	ᔅ	s
ᓕ	ᓕ̇	li lii	ᓗ	ᓗ̇	lu luu	ᓚ	ᓚ̇	la laa	ᓪ	l
ᔨ	ᔨ̇	ji jii	ᔪ	ᔪ̇	ju juu	ᔭ	ᔭ̇	ja jaa	ᔾ	j
ᕕ	ᕕ̇	vi vii	ᕗ	ᕗ̇	vu vuu	ᕙ	ᕙ̇	va vaa	ᕝ	v
ᕆ	ᕆ̇	ri rii	ᕈ	ᕈ̇	ru ruu	ᕋ	ᕋ̇	ra raa	ᕐ	r
ᕿ	ᕿ̇	qi qii	ᖁ	ᖁ̇	qu quu	ᖃ	ᖃ̇	qa qaa	ᖅ	q
ᖏ	ᖏ̇	ngi ngii	ᖑ	ᖑ̇	ngu nguu	ᖓ	ᖓ̇	nga ngaa	ᖕ	ng
ᖏᕆ	ᖏᕆ̇	nngi nngii	ᖑᒍ	ᖑᒍ̇	nngu nnguu	ᖓᒐ	ᖓᒐ̇	nnga nngaa	ᖖ	nng
ᖮ	ᖮ̇	&i &ii	ᖯ	ᖯ̇	&u &uu	ᖰ	ᖰ̇	&a &aa	ᖭ	&

Mention de sources

Couverture (haut) : Lunettes de neige, © Musée canadien des civilisations, IX-C-2846, photo Ross Taylor, cliché numéro S89-1832; 17 (droite) : Sac de couchage, © Musée canadien des civilisations, IV-C-3192, cliché numéro D2004-06629; 19 (droite) : Bottes, © Musée canadien des civilisations, IV-C-2916 a, b, cliché numéro S96-05817; 21 (haut) : Jeu d'osselets, © Musée canadien des civilisations, IV-C-4625, cliché numéro S95-21340; 21 (bas) : Poupées © Musée canadien des civilisations, IV-B-756 a-c, cliché numéro S95-25043.

Couverture (milieu) : © iStockphoto Inc./Miha Urbanija; 3 et 4e de couverture (3e) : © iStockphoto Inc./ChoiceGraphX; 5 (haut, droite), 14 (bas, arrière-plan), 20 (haut), 27 (arrière-plan) et 4e de couverture (2e arrière-plan) : © iStockphoto Inc./Gregor Kervina; 5 (gauche, milieu) et 4e de couverture (haut) : © iStockphoto Inc./Shaun Lowe; 6 (haut) et 7 (haut) : © iStockphoto Inc./Matthias Frhr. v. Sohlern; 6 (haut, gauche) : © iStockphoto Inc./John Pitcher; 7 (haut, droite) : © iStockphoto Inc./Roman Krochuk; 11 (haut) : © iStockphoto Inc./Vera Bogaerts; 12 (droite) : © iStockphoto Inc./Eric Cola; 12 (gauche) : © iStockphoto Inc./Roman Krochuk; 13 (haut, arrière-plan), 15 (arrière-plan), 18 (bas, arrière-plan) et 4e de couverture (3e arrière-plan) : © iStockphoto Inc./Dmitry Goygel-Sokol; 16 (milieu, gauche, arrière-plan), et 4e de couverture (4e arrière-plan) : © iStockphoto Inc./Simon Edwin; 16 (bas) et 25 (arrière-plan principal) : © iStockphoto Inc./Annette Diekmann; 17 (bas) : © iStockphoto Inc./Elisa Locci; 19 (droite, arrière-plan) et 22 (bas, arrière-plan) : © iStockphoto Inc./Carmen Martinez Banús; 19 (bas, gauche) : © iStockphoto Inc./Josef Volavka; 22 (bas) : © iStockphoto Inc./Chris Overgaard; 23 (droite) et 29 (arrière-plan) : © iStockphoto Inc./Zastavkin; 26 (gauche, bas) : © iStockphoto Inc./Chris Hill; 27 (gauche, haut) : © iStockphoto Inc./Maartjee van Caspel.

Couverture (bas) : © B & C Alexander/Arcticphoto.com; 27 (droite) : © B & C Alexander/Arcticphoto.com; 28 (haut) : © B & C Alexander/Arcticphoto.com.

4 : Alaska Yukon Pacific Exposition/Frank H. Nowell, LC-USZ62-101171; 7 (bas, droite) : LOT 11453-1, no 53; 8 (bas) : Edward S. Curtis Collection, LC-USZ62-46892; 12-13 (arrière-plan principal) : LC-USZ62-133487; 13 (milieu) : Edward S. Curtis Collection, LC-USZ62-107284; 14 (haut) : Edward S. Curtis Collection, LC-USZ62-107287; 14 (milieu) : Edward S. Curtis Collection, LC-USZ62-107323; 15 (milieu, droite) : Edward S. Curtis Collection, LC-USZ62-89845; 15 (milieu, gauche) : LC-USZ62-103527; 16 (milieu, droite) et 4e de couverture (4e) : Frank E. Kleinschmidt, LC-USZ62-135985; 17 (haut) : Edward S. Curtis, photographe, LC-USZ62-101338; 18 (haut) : Edward S. Curtis Collection, LC-USZ62-89847; 18 (milieu, gauche) : LOT 11453-6, no 6; 18 (bas) : LC-USZ62-68745; 19 (haut, gauche) : Edward S. Curtis Collection, LC-USZ62-130414; 20 (milieu) : LC-USZ62-133489; 22 (milieu) : Edward S. Curtis Collection, LC-USZ62-13912; 23 (gauche, arrière-plan) : LC-USZ62-112765; 24 (haut) : LOT 11453-3, no 7; 25 (haut, droite) : Edward S. Curtis Collection, LC-USZ62-101258; 25 (milieu, droite) : Edward S. Curtis Collection, LOT 12330; 25 (bas, droite) : Edward S. Curtis Collection, LOT 11453-5, no 6; 25 (gauche) : Edward S. Curtis Collection, LC-USZ62-116541; 26 (gauche, haut) : Edward S. Curtis Collection, LC-USZ62-67382. Tous reproduits avec l'aimable autorisation de la Library of Congress, Prints & Photographs Division.

5 (droite, bas), 17 (haut, arrière-plan), 28 (bas, arrière-plan) et 4e de couverture (haut, arrière-plan) : Réserve faunique nationale de l'Arctique; 8 (haut) : Yukon Delta National Wildlife Refuge; 8 (milieu) : Keith Morehouse, Division of Public Affairs; 10 : Mike Spindler; 11 (bas) : Scott Schliebe, Division of Public Affairs; 12 (gauche, arrière-plan) et 21 (haut, arrière-plan) : Greg Weiler, Division of Public Affairs; 21 (bas, arrière-plan) : Yukon Delta National Wildlife Refuge; 18 (haut, arrière-plan) : Réserve faunique nationale de l'Arctique; 24 (bas, arrière-plan) : Luther Goldman, Service des relations publiques; 25 (extrême droite, arrière-plan) et 27 (gauche, bas) : Anne Morkill, Alaska Maritime National Wildlife Refuge. Tous reproduits avec l'aimable autorisation du U.S. Fish and Wildlife Service.

5 (gauche, haut) : Richard S. Finnie/Bibliothèque et Archives Canada/e002342733; 5 (gauche, bas) : © Bibliothèque et Archives Canada. Reproduit avec la permission de Bibliothèque et Archives Canada. Richard Harrington/Richard Harrington fonds/Accession 1976-086 NPC/PA-114686; 6 (bas, gauche) : © Bibliothèque et Archives Canada. Reproduit avec la permission de Bibliothèque et Archives Canada. Richard Harrington/Richard Harrington fonds/Accession 1976-086 NPC/PA-114706; 13 (haut) et 4e de couverture (2e) : © Bibliothèque et Archives Canada. Reproduit avec la permission de Bibliothèque et Archives Canada. Richard Harrington/Richard Harrington fonds/Accession 1976-086 NPC/PA-146785; 13 (bas) : © Bibliothèque et Archives Canada. Reproduit avec la permission de Bibliothèque et Archives Canada. Charles Gimpel/Charles Gimpel fonds/e004922696; 14 (bas) : Bibliothèque et Archives Canada/PA-042120; 15 (haut) : R.S. Finnie / Bibliothèque et Archives Canada/PA-100751; 16 (haut) : © Bibliothèque et Archives Canada. Reproduit avec la permission de Bibliothèque et Archives Canada. Richard Harrington/Richard Harrington fonds/Accession 1976-086 NPC/PA-114707; 16 (milieu, gauche) : © Bibliothèque et Archives Canada. Reproduit avec la permission de Bibliothèque et Archives Canada. Richard Harrington/Richard Harrington fonds/Accession 1976-086 NPC/PA-114656; 17 (gauche) : © Santé Canada. Reproduit avec la permission du ministre des Travaux publics et Services gouvernementaux Canada (2006). Bibliothèque et Archives Canada/ Santé Canada fonds/R227-213-1E/Accession 1997-309 NPC/e002394409; 18 (milieu, droite) : Office national du film du Canada. Photothèque/ Bibliothèque et Archives Canada/PA-146508; 19 (milieu, gauche) : Office national du film du Canada. Photothèque/Bibliothèque et Archives Canada/PA-145968; 21 (milieu) : © Bibliothèque et Archives Canada. Reproduit avec la permission de Bibliothèque et Archives Canada. Richard Harrington/Richard Harrington fonds/Accession 1976-086 NPC/PA-114667; 22 (milieu, arrière-plan) : George Simpson McTavish/Bibliothèque et Archives Canada/C-022942; 23 (milieu) : © Bibliothèque et Archives Canada. Reproduit avec la permission de Bibliothèque et Archives Canada. Richard Harrington/Richard Harrington fonds/Accession 1976-086 NPC/PA-112088; 23 (gauche) : © Bibliothèque et Archives Canada. Reproduit avec la permission de Bibliothèque et Archives Canada. Richard Harrington/Richard Harrington fonds/Accession 1976-086 NPC/PA-114695; 26 (droite) : © Bibliothèque et Archives Canada. Reproduit avec la permission de Bibliothèque et Archives Canada. Richard Harrington/Richard Harrington fonds/Accession 1976-086 NPC/PA-114728; 27 (gauche, milieu) : © Bibliothèque et Archives Canada. Reproduit avec la permission de Bibliothèque et Archives Canada. Richard Harrington/Richard Harrington fonds/Accession 1976-086 NPC/PA-129886.

15 (bas) : © Wally McNamee/CORBIS; 20 (bas) : © Lowell Georgia/CORBIS; 22 (haut) : © Staffan Widstrand/CORBIS; 24 (haut, gauche) : © Staffan Widstrand/CORBIS; 24 (bas) : © Staffan Widstrand/CORBIS; 28 (bas) : © Alison Wright/CORBIS; 29 : © Wolfgang Kaehler/CORBIS.

23 (bas) : illustration de Tim Yearington.

Bibliographie sélective

Les sites et ouvrages suivants ont été particulièrement utiles.

Chronologie :

Site du Musée canadien des civilisations : http://www.civilization.ca

McGhee, Robert. *La préhistoire de l'Arctique canadien*, Montréal, Fides, 1984. (Traduction de Canadian Arctic Prehistory, Toronto, Van Norstrand Reinhold, 1978.)

Morrison, David et Georges-Hébert Germain. *Inuit : les peuples du froid*, Montréal, Libre expression, 1995. (Traduction de *Inuit: Glimpses of an Arctic Past*, Ottawa, Musée canadien des civilisations, 1995.)

Cartes :

Population ayant une identité Inuit selon les subdivisions de recensement de 2001. Statistique Canada, 2002. http://geodepot.statcan.ca/Diss/Maps/ThematicMaps/national_f.cfm

Map of North America by Tourizm Maps © 2003. http://www.world-maps.co.uk/continent-map-of-north-america.htm

Carte du Nunavut, Ressources naturelles Canada. http://atlas.nrcan.gc.ca/site/francais/maps/reference/provincesterritories/nunavut/referencemap_image_view

McGhee, Robert. *La préhistoire de l'Arctique canadien*, Montréal, Fides, 1984. (Traduction de *Canadian Arctic Prehistory*, Toronto, Van Norstrand Reinhold, 1978.)

Statistique Canada. Profils des communautés de 2006, Recensement 2006. http://www12.statcan.ca/francais/census06/geo/index.cfm?Lang=F

The Eskimo-Aleut Family Map. The Tower of Babel : An International Etymological Database Project. http://starling.rinet.ru/maps/maps7.php?lan=en

Population des Inuits (carte) : Atlas du Canada, Ressources naturelles Canada. http://atlas.nrcan.gc.ca/site/francais/maps/peopleandsociety/population/aboriginalpopulation/abo_1996/inuit/

Langue inuktitut

Nunacom Character Combination Chart. http://www.nunavut.com/nunacom/charchart.html

The syllabary used to write Inuktitut (titirausiq nutaaq). http://commons.wikimedia.org/wiki/Image:Inuktitut.png

Tableau des symboles de la langue inuktitut :

Comme il peut être difficile de trouver des ouvrages de référence sur les remèdes et les soins, voici les sources qui ont été consultées pour le chapitre qui traite de ces sujets :

Avataq Cultural Institute. Traditional Medicine Project, Interim Report. Montréal : 28 septembre 1983.

Ootoova, Illisapi, et al. *Perspectives on Traditional Health. Interviewing Inuit Elders 5.* Publié par Michèle Therrien et Frédéric Laugrand. Iqaluit : Nunavut Arctic College, 2001.

Index